# Die blaue Blume

## Gemälde
## von Wolfgang Link

mit klassischen und
romantischen Gedichten

Meiner geliebten Ehefrau Ilse, meinen Eltern, meiner Schwester Hiltrud, Christiane Köhne mit Familie, Gunhild und Wolfram Layer sowie meinen verehrten akademischen Lehrern, Frau Khan- Leonhard und Herrn Professor Fritz Itzinger gewidmet

Impressum
Dr. Wolfgang Link, Gengenbach 2015
Alle Rechte liegen beim Autor
Herstellung und Verlag: BoD - Books on Demand, Norderstedt
Technische Ausführung: David Zimmermann, Altenheim
ISBN 978-3-7386-6010-4

# Vorwort

Die blaue Blume bedeutet in der Romantik Suche nach Sinnorientierung, Erfüllung, Sehnsucht nach dem Unendlichen, Einssein mit der Schöpfung und der göttlichen Liebe. Dies drückt Otto Heinrich Graf von Loeben im folgenden Gedicht aus:

## An Novalis

*Wer, von der höchsten Liebe angeglommen,*
*Im Sehnen nach dem Drüben sich verzehret,*
*Wer hier schon jenen Welten angehöret,*
*Der wird alsbald der Schmerzlichkeit entnommen.*

*Der Ruf von oben ist gekommen,*
*Verweht die Stimm', die unser Herz gehöret,*
*Die letzten Töne klangen schon verkläret,*
*Aus lichten Glorien schienen sie zu kommen.*

*Ein heilig Hochamt war dein inn'res Leben,*
*Gestirne, Blumen, Kreatur, Gebirge,*
*All' kamen sie zur Wallfahrt hergezogen.*

*Da mußte sich des Münsters Decke heben,*
*Die Engel stiegen betend in die Kirche,*
*Musik erklang, du warst zu Gott entflogen.*

Dieses Streben ist mit dem Pinsel in den vorliegenden Bildern ausgedrückt. Es ist der Versuch der Synthese von Poesie und Malerei.
Ganz herzlich sei Frau Khan-Leonhard und Herrn Professor Fritz Itzinger, einem der ganz großen Spätexpressionisten, gedankt. Sie befähigten mich zu diesen ausdrucksstarken Bildern. Soweit nicht anders vermerkt, sind die Gemälde in Aquarell, zum Teil zusätzlich mit Pastellstiften in DIN A3-Format ausgeführt.
Danken möchte ich auch meiner Ehefrau Ilse, die mich zu solch kreativem Tun inspirierte. sowie Frau Hildegard Rauer bei der Auswahl der Gedichte.
Ein Dankeschön auch den Eheleuten Birgit und Heino Bruns bei der sorgfältigen Korrektur des Manuskriptes und Herrn David Zimmermann bei

der technischen Umsetzung.
Möge Ihnen, liebe Leser, beim Lesen der Gedichte
und beim Betrachten der Gemälde die Schönheit
der Schöpfung erneut erlebbar werden!

# Verzeichnis der Gedichte

# Blumengruß

Johann Wolfgang von Goethe

Der Strauß, den ich gepflücket,
Grüße dich viel tausend Mal
Ich hab mich oft gebücket,
Ach wohl ein tausend Mal
Und ihn ans Herz gedrücket
Wie hunderttausend Mal

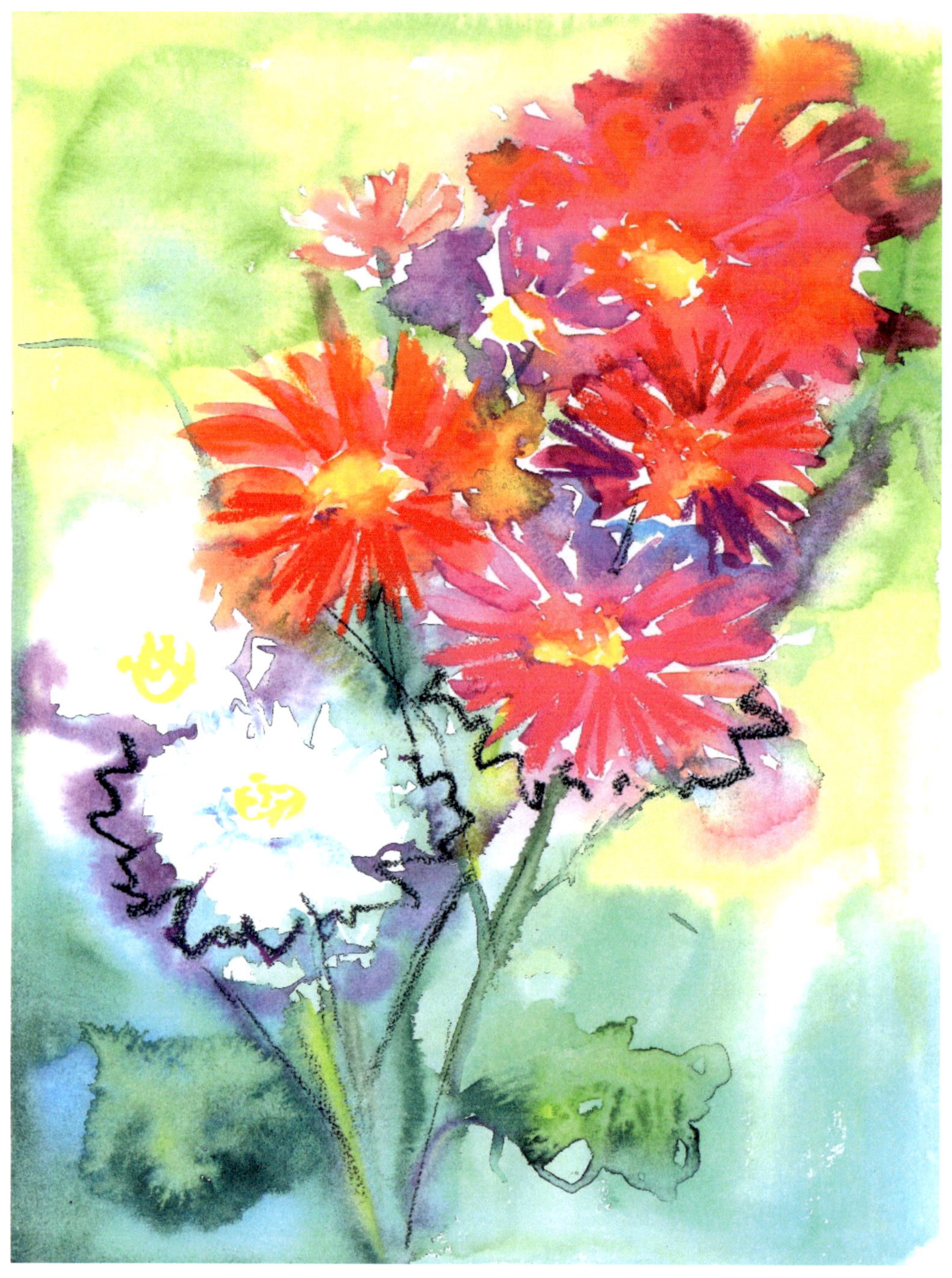

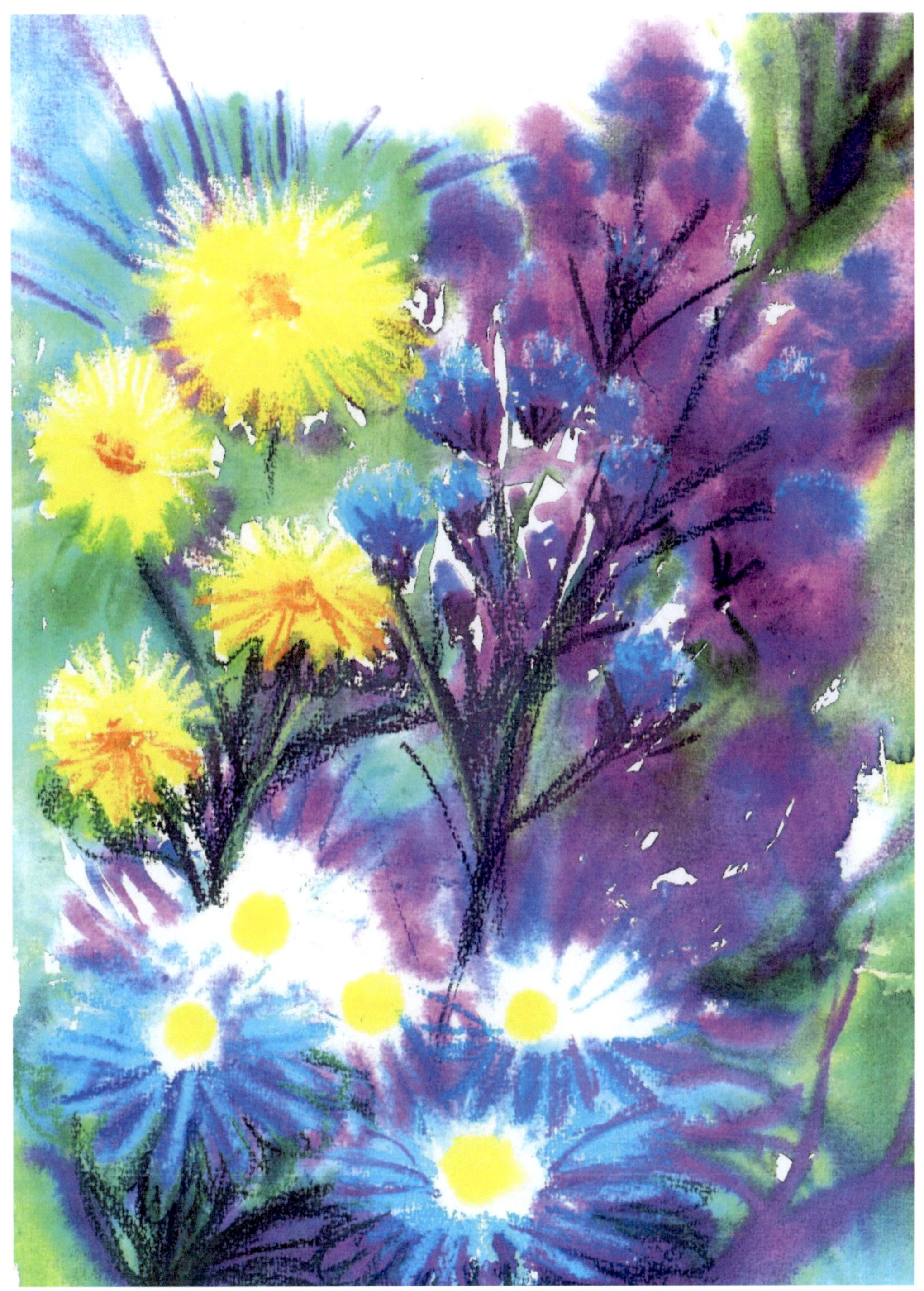

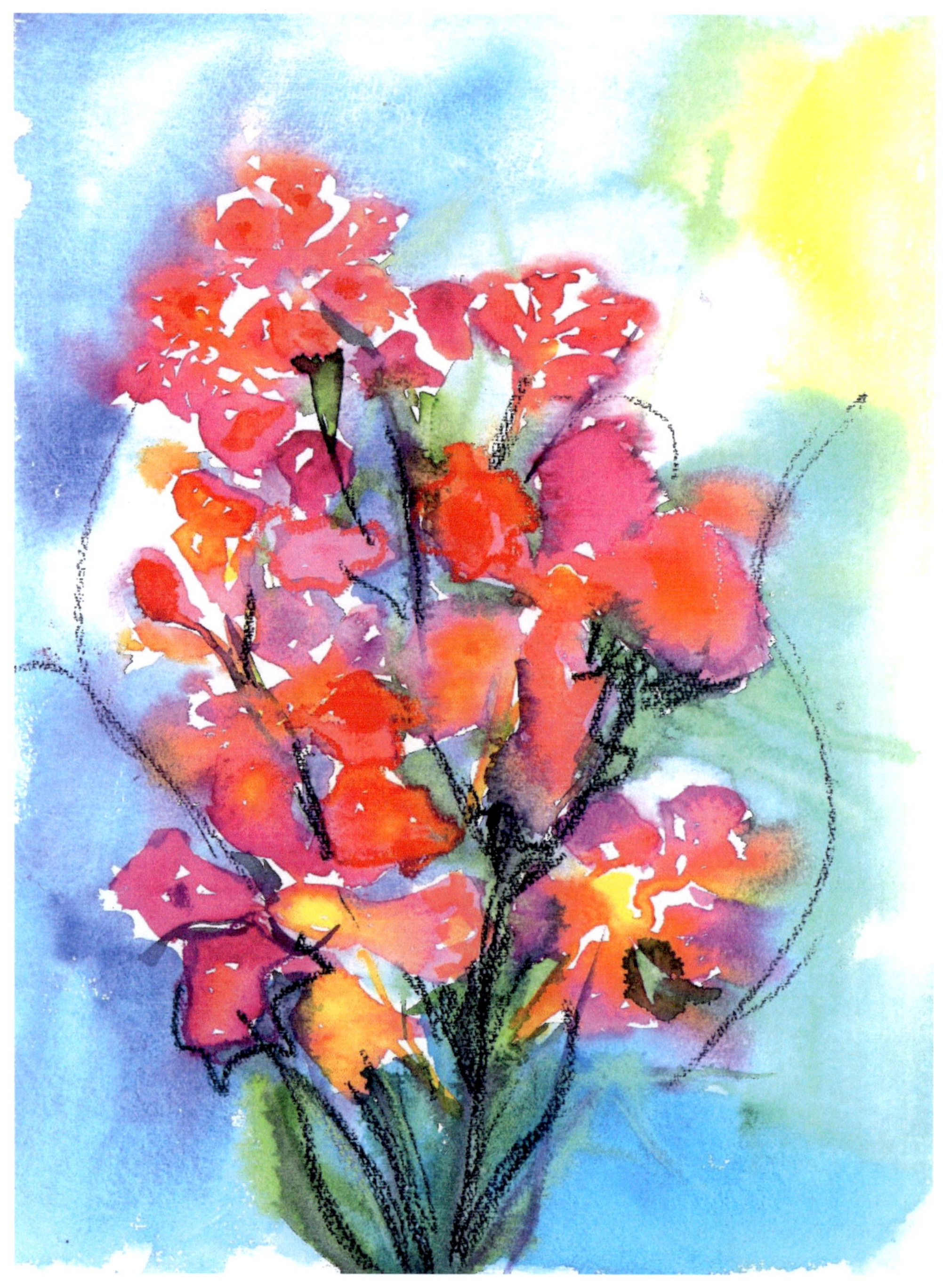

# Am Sophientag

Clemens Brentano

Süßer Mai, du Quell des Lebens
Bist so süßer Blumen voll.
Liebe sucht auch nicht vergebens
Wem die Kränze widmen soll.

Süßer Mai, mit Blumenglocken
Läutest du das Fest mir ein.
Ich bekränze ihre Locken,
Will ein frommer Gast auch sein.

Süßer Mai, zum Liebesmahle
Trägst du Blumenkelche rein.
Blütensäulen stehn im Saale
Drüber wölbt sich Sonnenschein.

Süßer Mai, in deinen Kelchen
Küssen fromme Bienen sich
Aber unter allen welchen
Hast du eingefüllt für mich!

Süßer Mai, du bringest nieder
Blume, Blüte, Sonnenschein,
Daß ich wisse, wem die Lieder,
Wem das Herz, das Leben weihn.

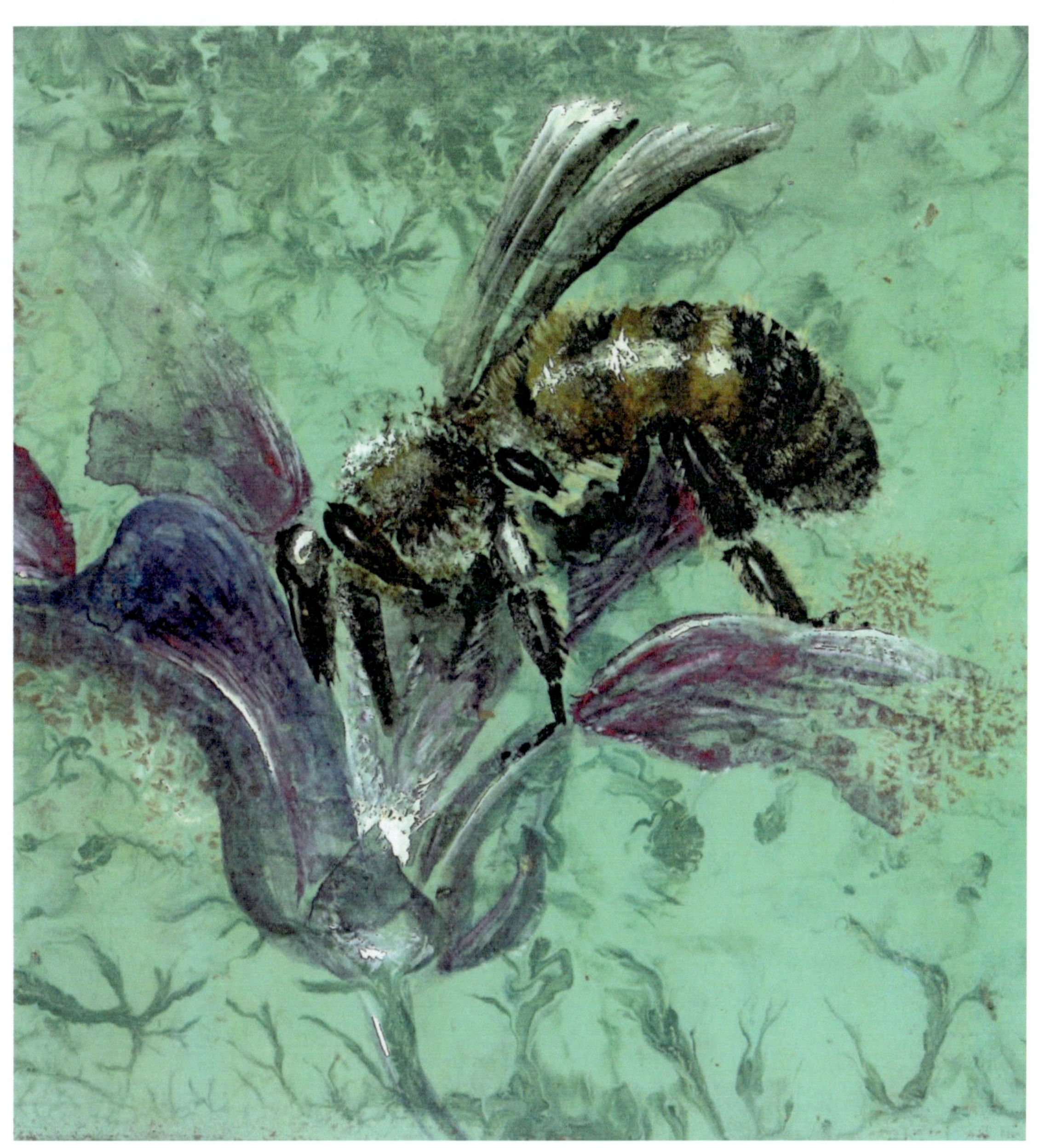

Acrylmalerei

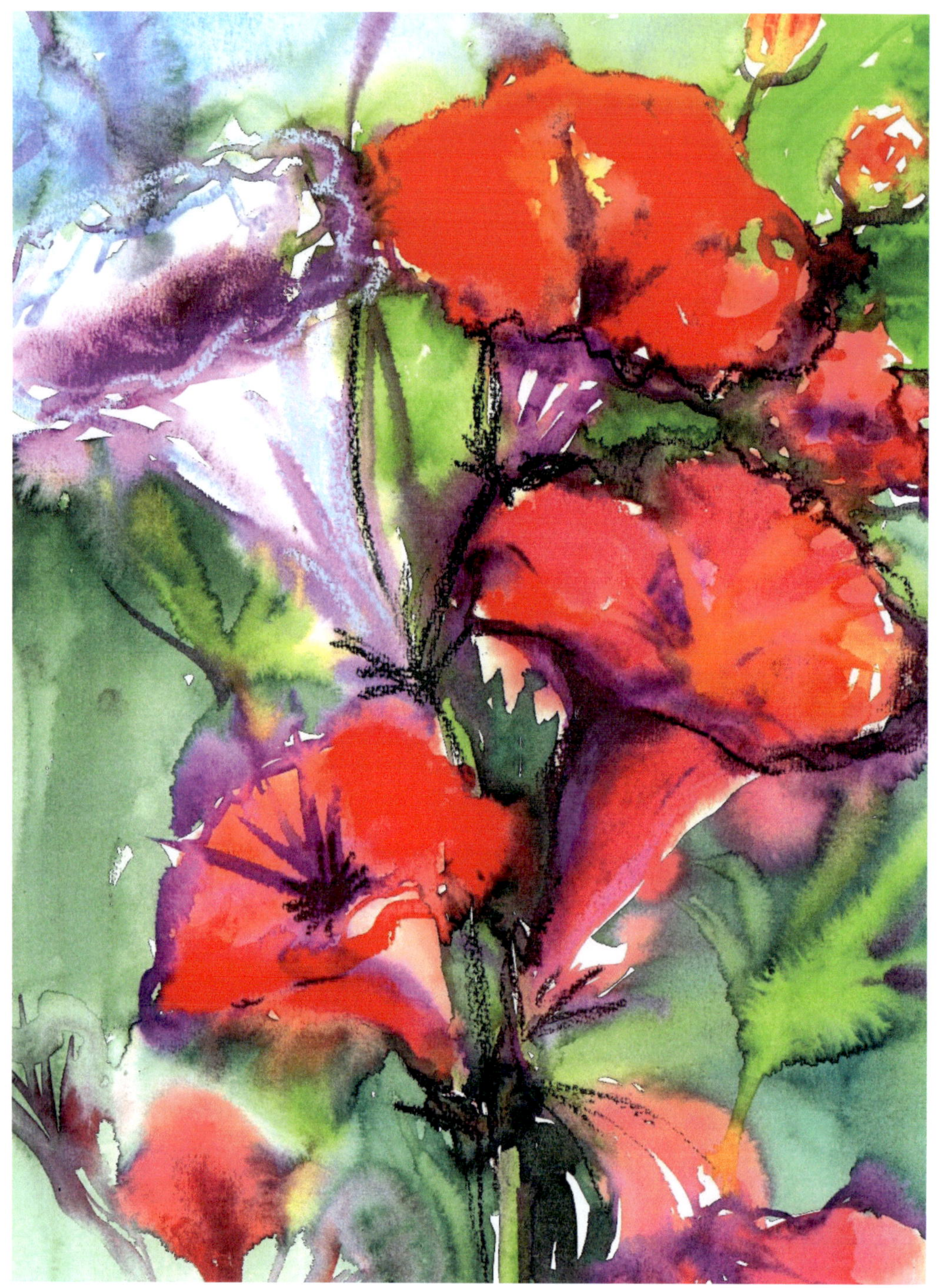

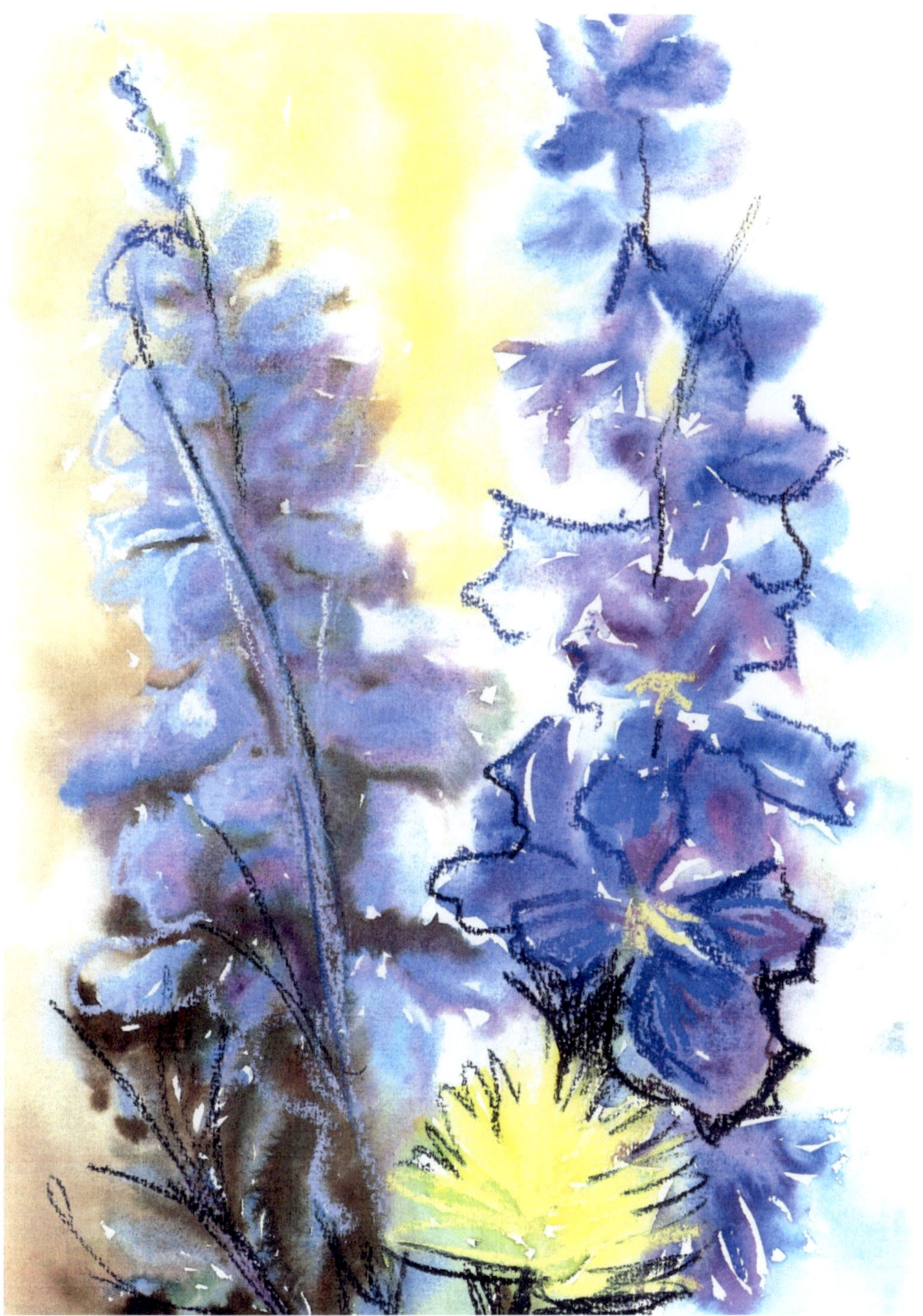

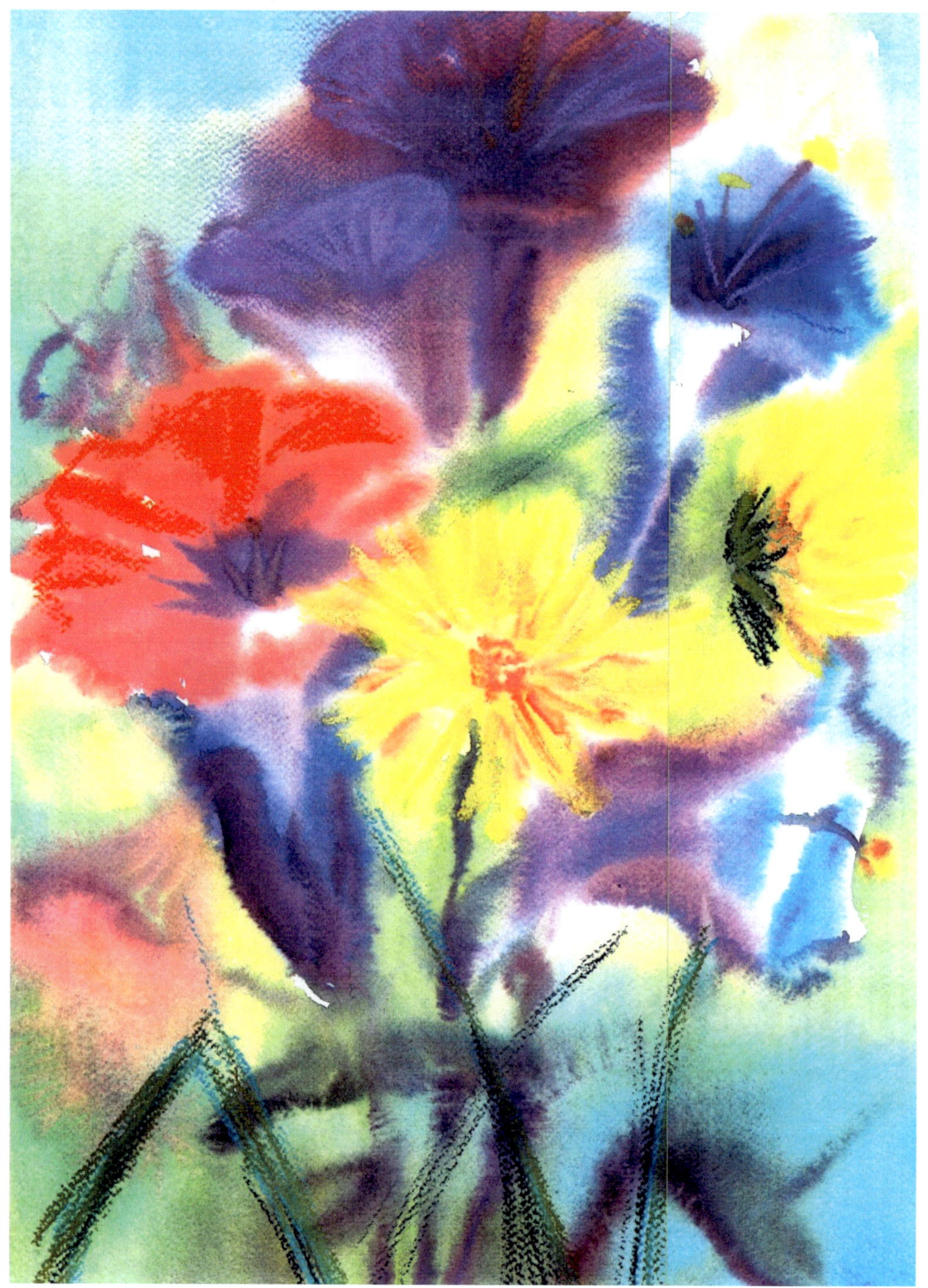

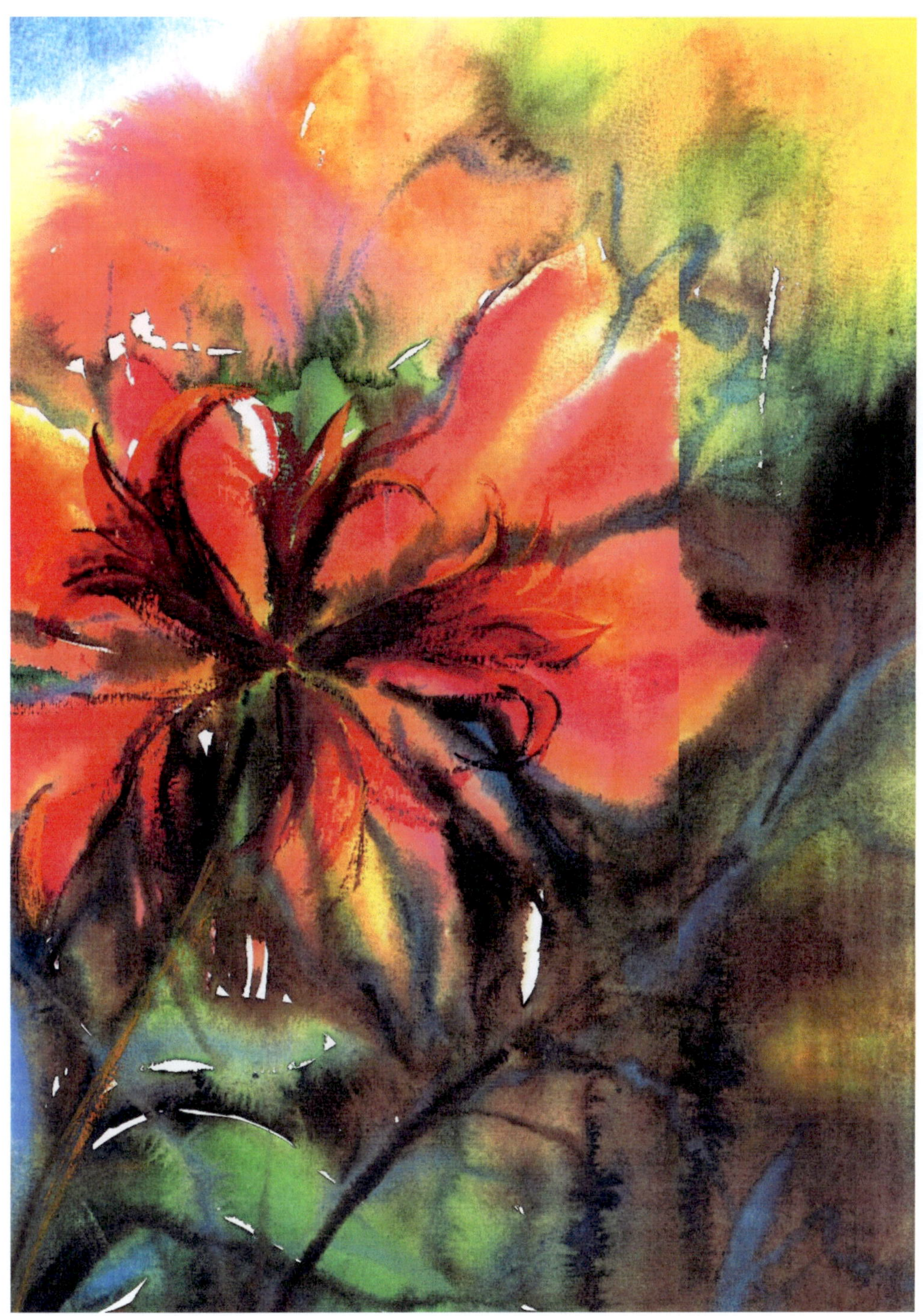

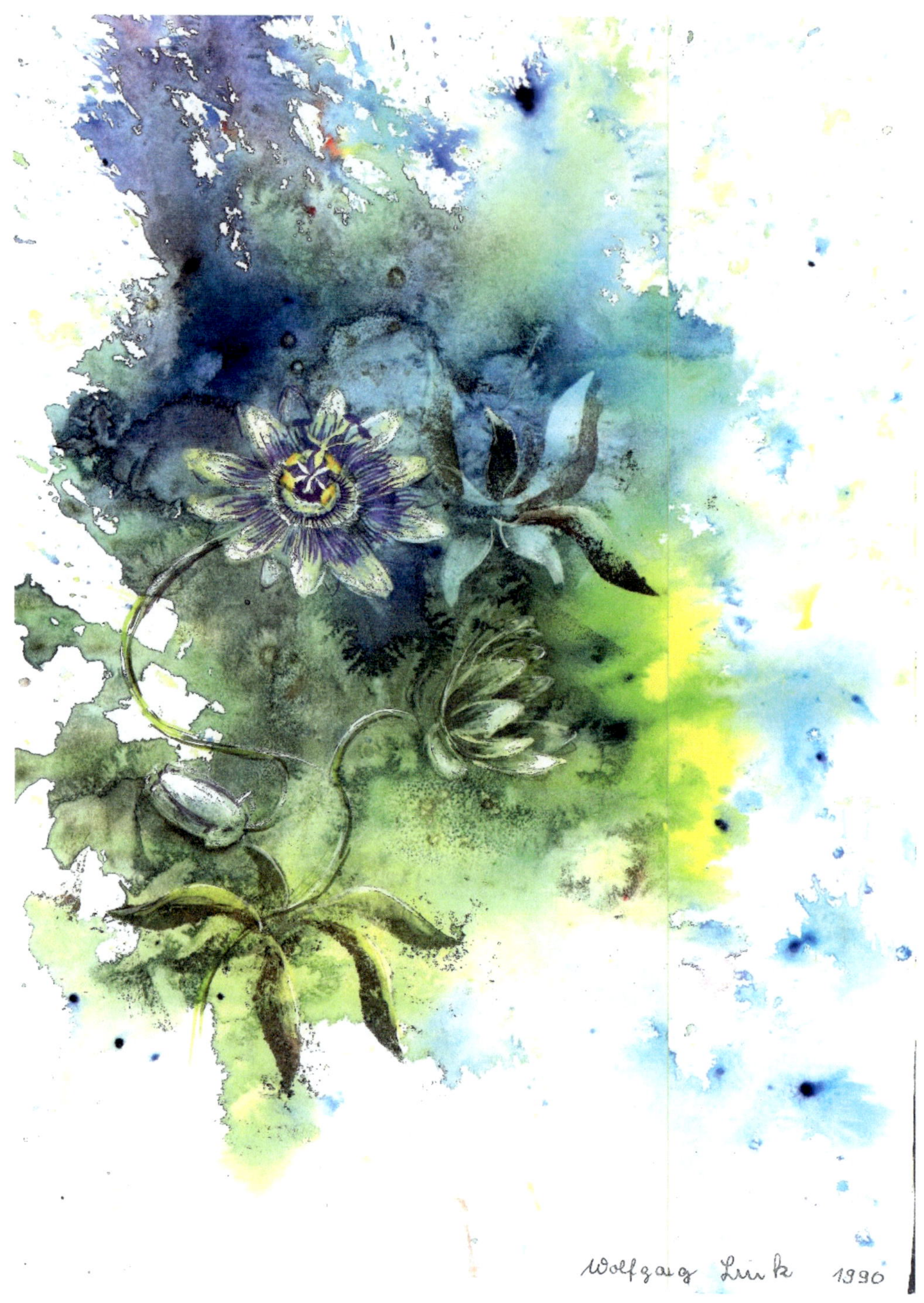

Wolfgang Link 1990

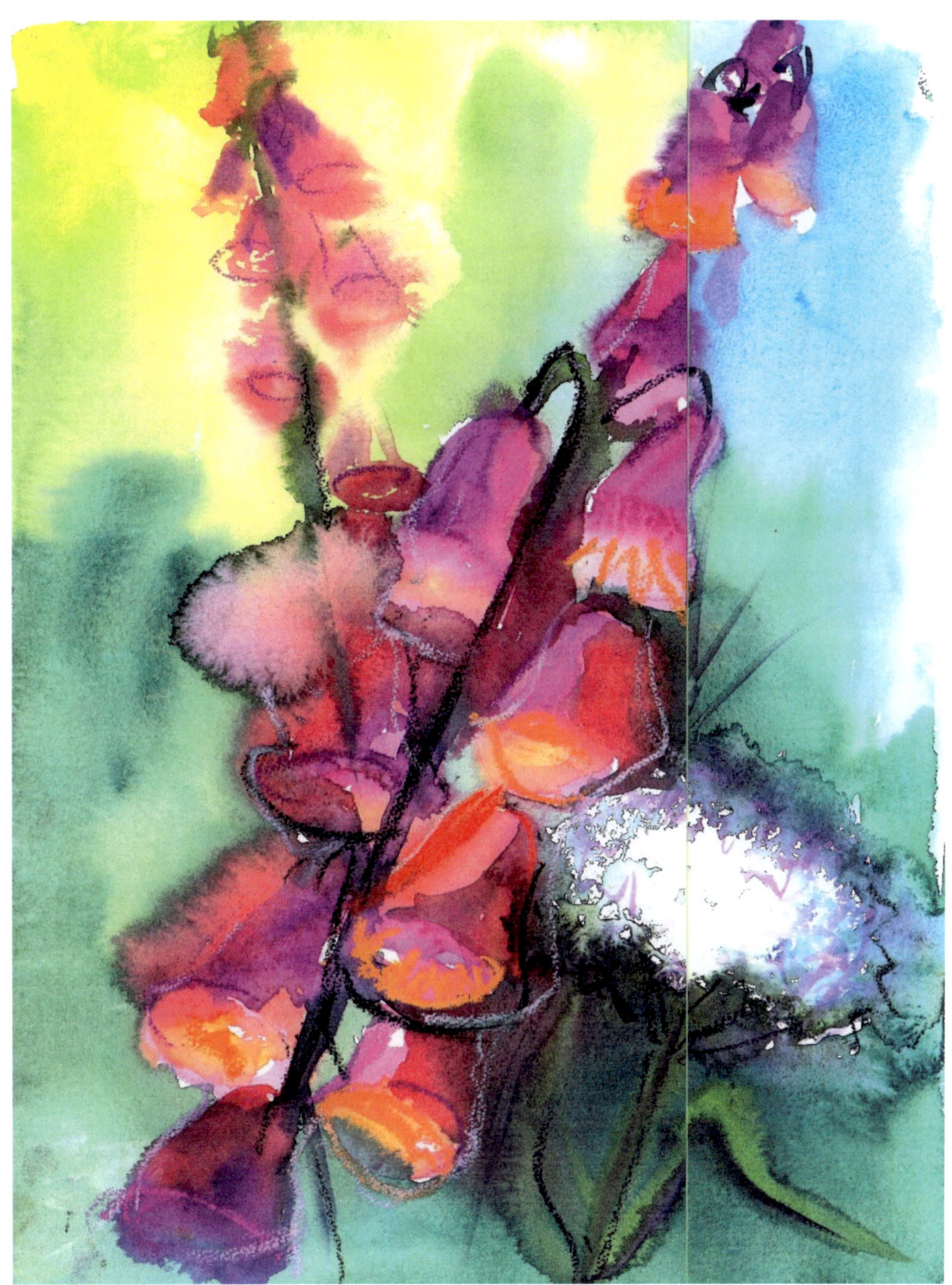

# Morgen send ich dir Veilchen
Heinrich Heine

Morgen send ich dir die Veilchen,
Die ich früh im Wald gefunden
Und des Abends bring ich Rosen.
 Die ich brach in Dämmerungsstunden.
Weißt du, was die hübschen Blumen
dir Verblümtes sagen möchten?
Treu sein sollst du mir am Tage
und mich lieben in den Nächten.

**Die Rose**
Friedrich Schlegel

Es lockte schöne Wärme,
Mich an dass Licht zu wagen,
Da brannten wilde Gluten:
Das muß ich ewig klagen.
Ich konnte lange blühen
In milden heitern Tagen;
Nun muß ich frühe welken,
Dem Leben schon entsagen.
Es kam die Morgenröte,
Da ließ ich alles Zagen,
Und öffnete die Knospe,
Wo alle Reize lagen.
Ich konnte freundlich duften,
Und meine Krone tragen,
Da ward zu heiß die Sonne,
Die muß ich drum verklagen.
Was soll der milde Abend?
Muß ich nun traurig fragen.

Er kann mich nicht mehr retten,
Die Schmerzen nicht verjagen.
Die Röte ist verblichen,
Bald wird mich Kälte nagen.
Mein kurzes junges Leben
Wollt' ich noch sterbend sagen.

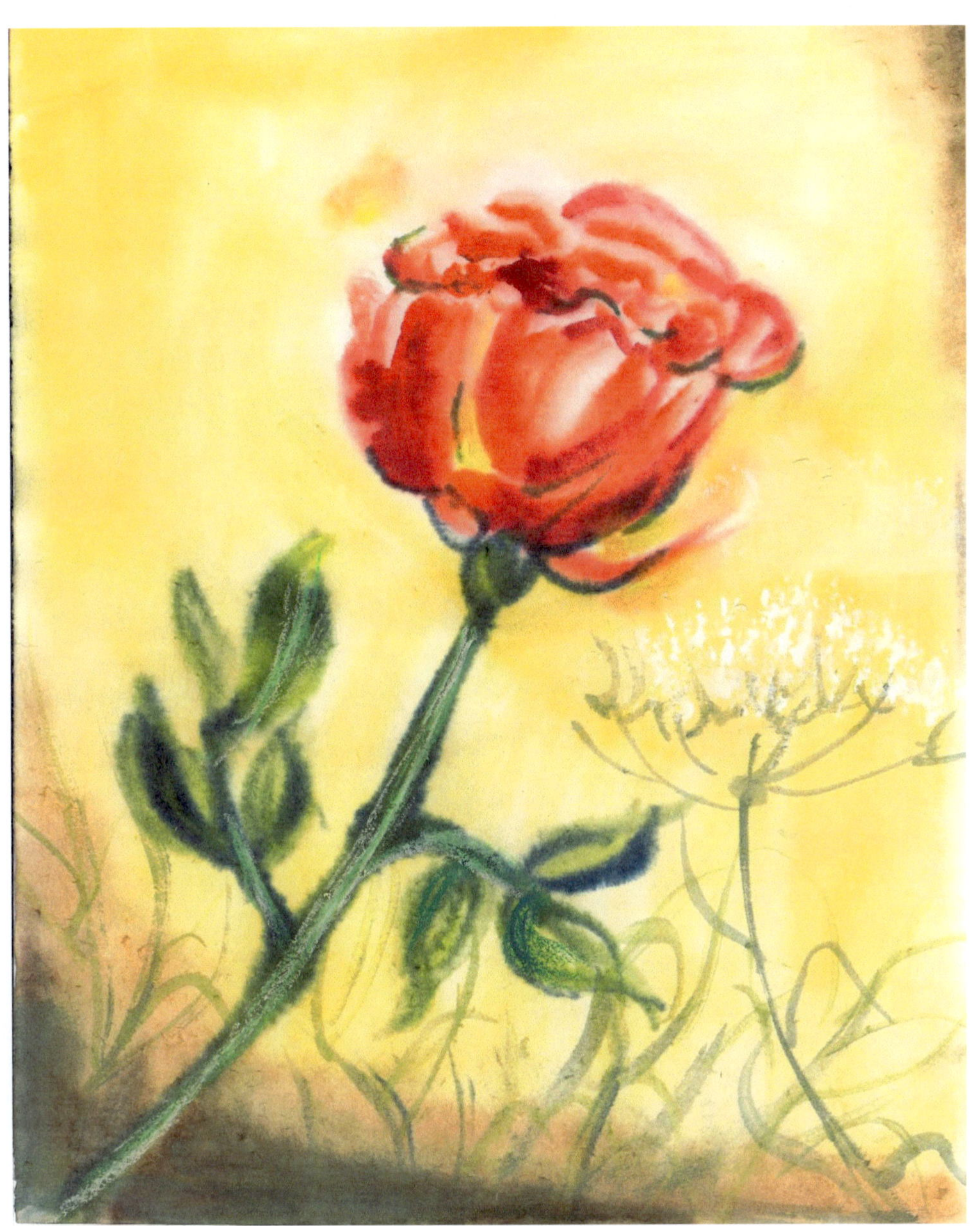

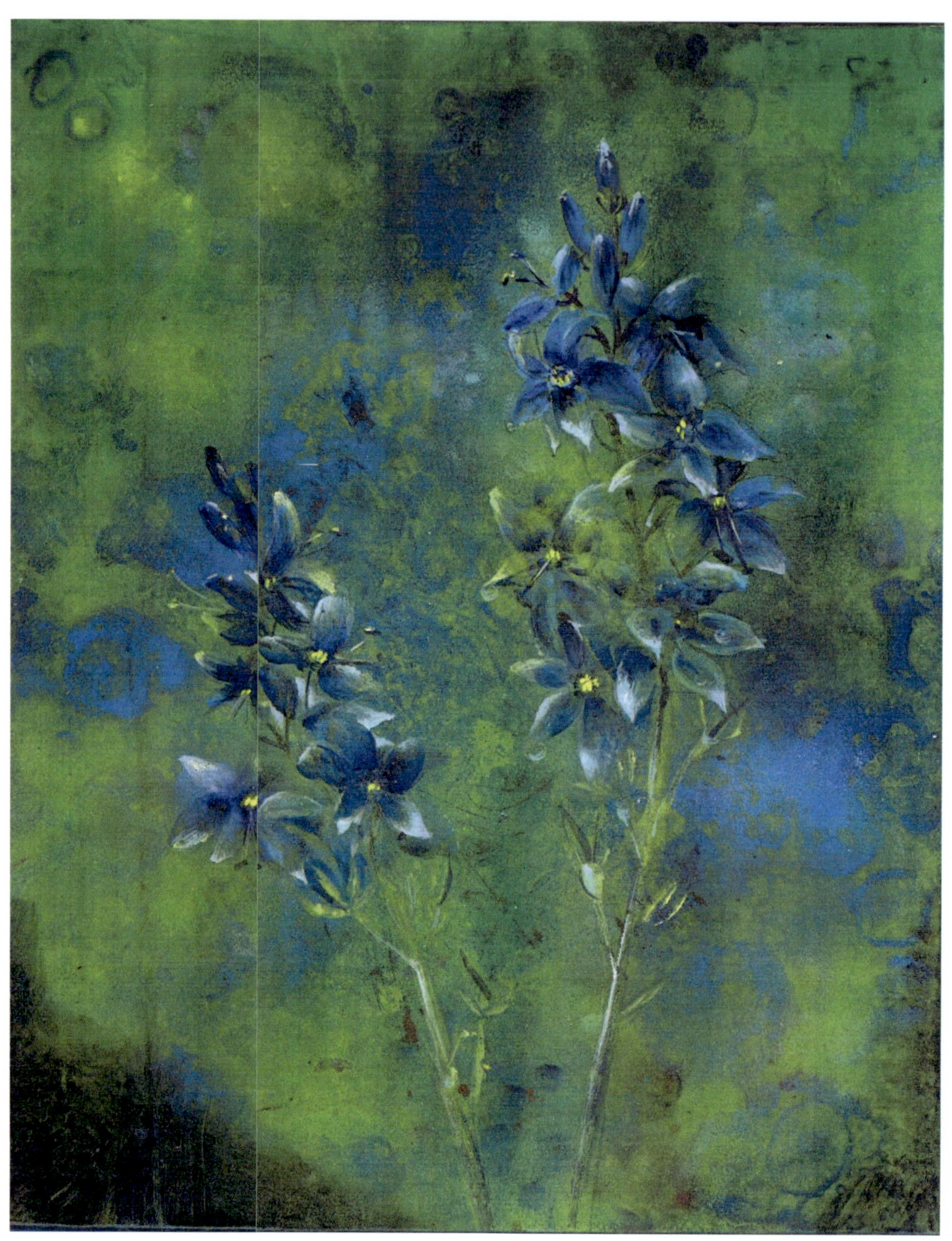

# Die blaue Blume
Joseph von Eichendorff

Ich suche die blaue Blume,
Ich suche und finde sie nie.
Mir träumt, dass in der Blume
Mein gutes Glück mir blüh.

Ich wandre mit meiner Harfe
Durch Länder, Städt' und Au'n.
Ob nirgends in der Runde
Die blaue Blume zu schaun.

Ich wandre schon seit lange
Hab lang gehofft, vertraut
Doch ach, noch nirgends hab ich
Die blaue Blum' geschaut.

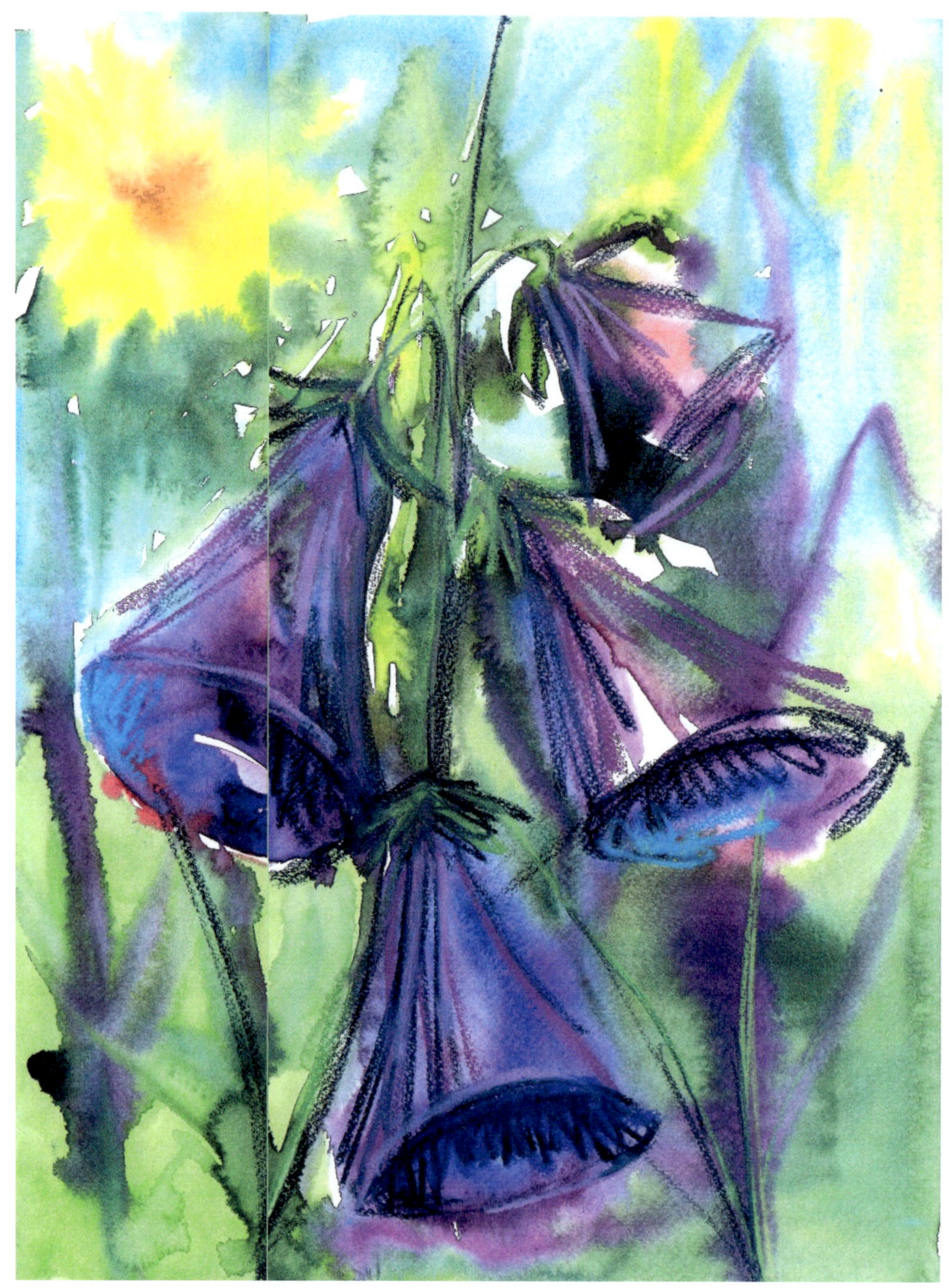

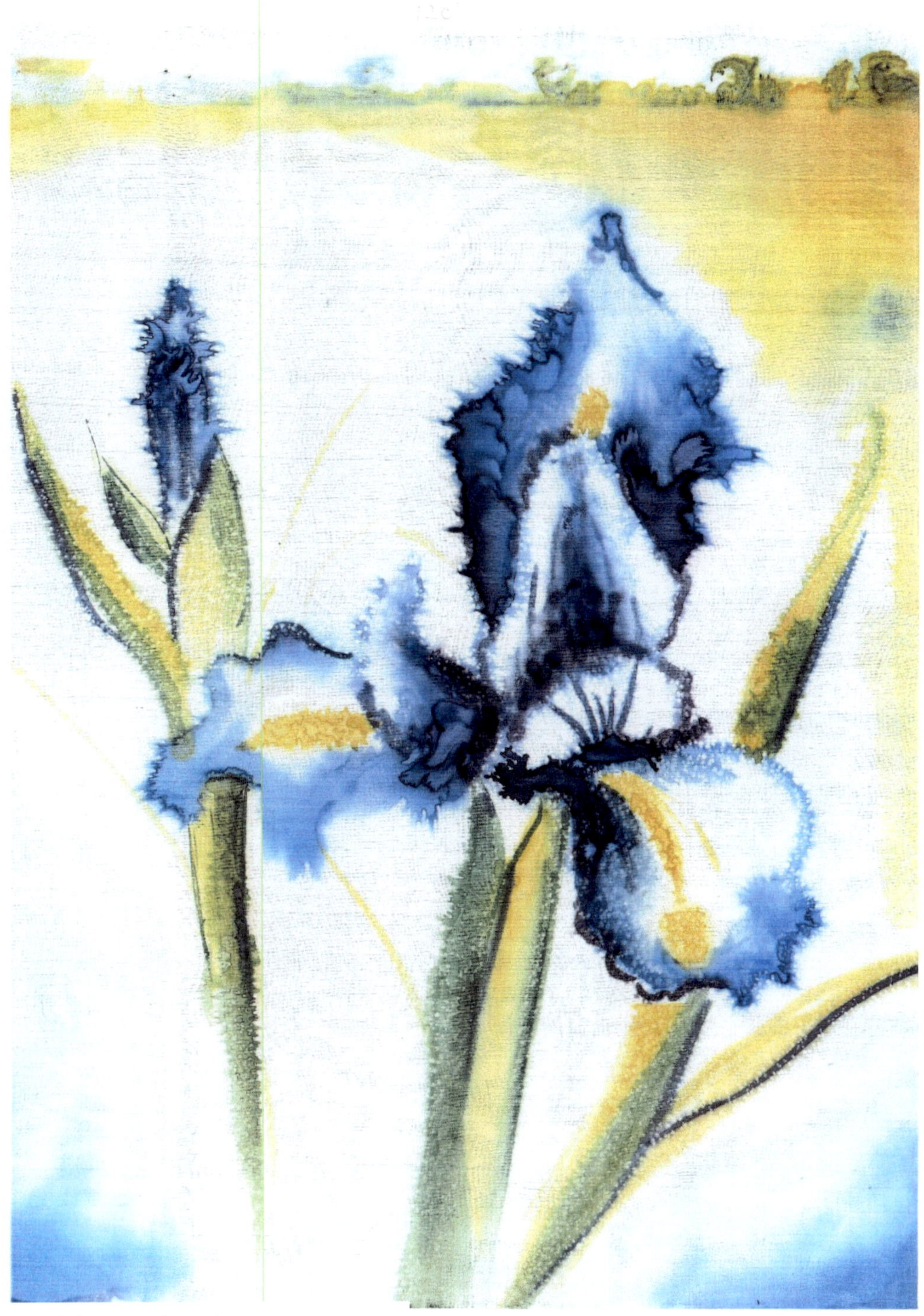

Seidenmalerei 27

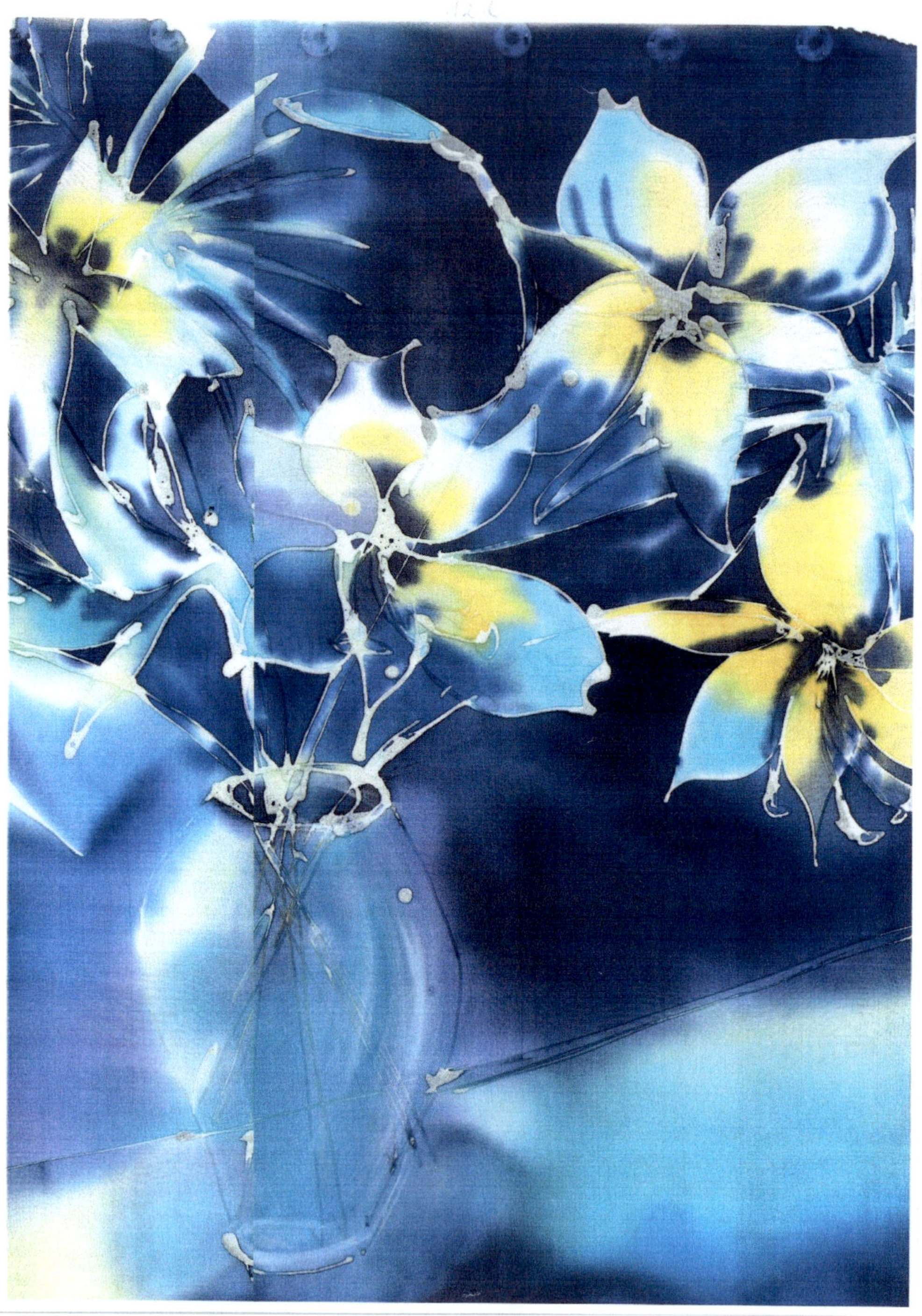

Seidenmalerei

# Der Schmetterling

Friedrich Schlegel

Was soll ich nicht tanzen?
Es macht keine Mühe,
Und reizende Farben
schimmern hier im Grünen

Immer schöner glänzen
Meine bunten Flügel,
Immer süßer hauchen
Alle kleinen Blüten;
Ich nasche die Blüten;
Ihr könnt sie nicht hüten.

Wie groß ist die Freude,
Sei's spät oder frühe,
Leichtsinnig zu schweben
Über Tal und Hügel.

Wenn der Abend säuselt,
Seht ihr Wolken glühen;
Wenn die Lüfte golden,
Scheint die Wiese grüner.
Ich nasche die Blüten,
Ihr könnt sie nicht hüten.

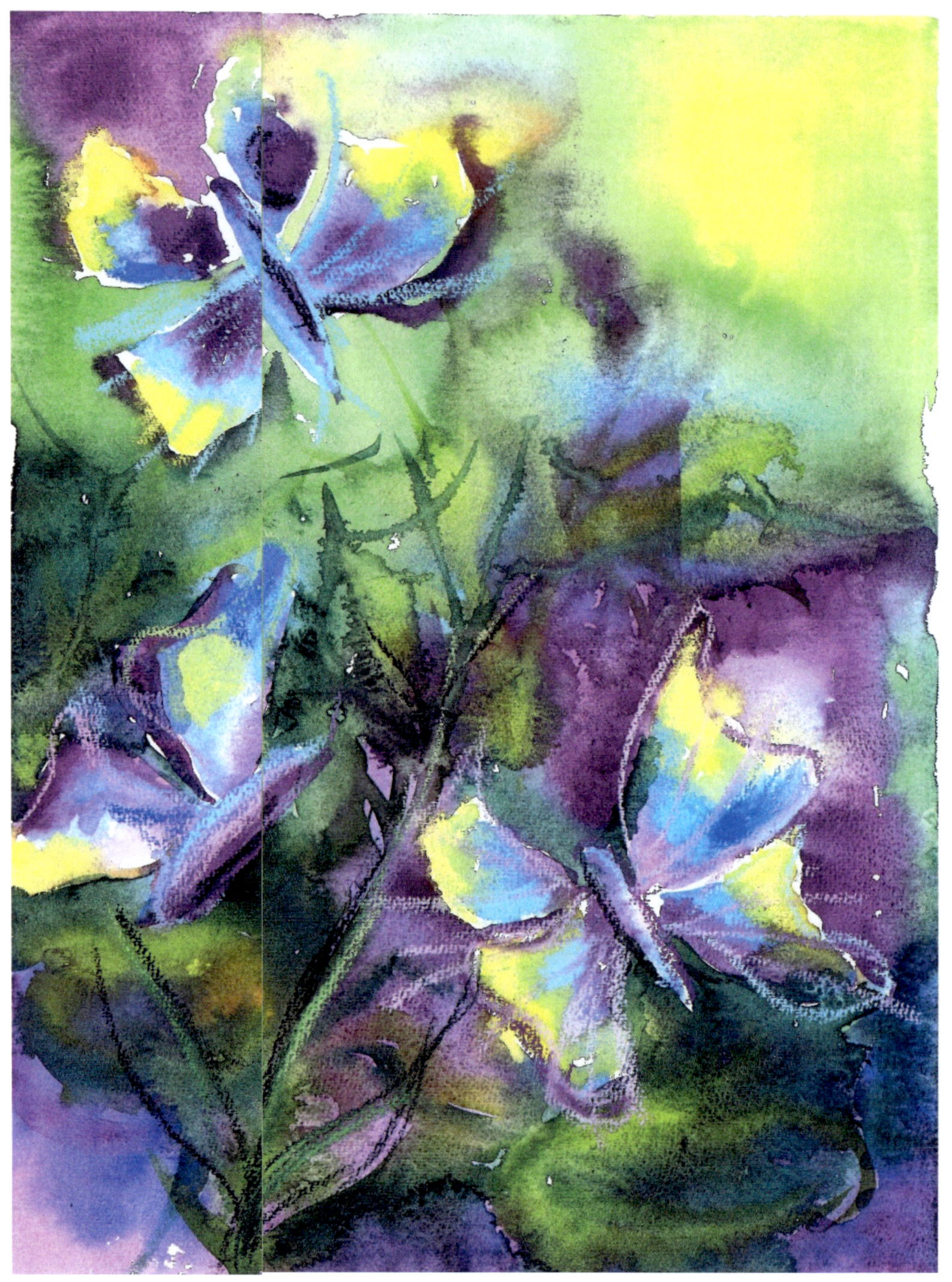

**Die Vögel**
Friedrich Schlegel

Wie lieblich und fröhlich,
Zu schweben, zu singen,
Von glänzender Höhe
Zur Erde zu blicken!

Die Menschen sind töricht,
Sie können nicht zwitschern.
Sie jammern in Nöten,
Wir flattern gen Himmel.

Der Jäger will töten,
Dem Früchte wir pickten;
Wir müssen ihn höhnen
Und Beute gewinnen.

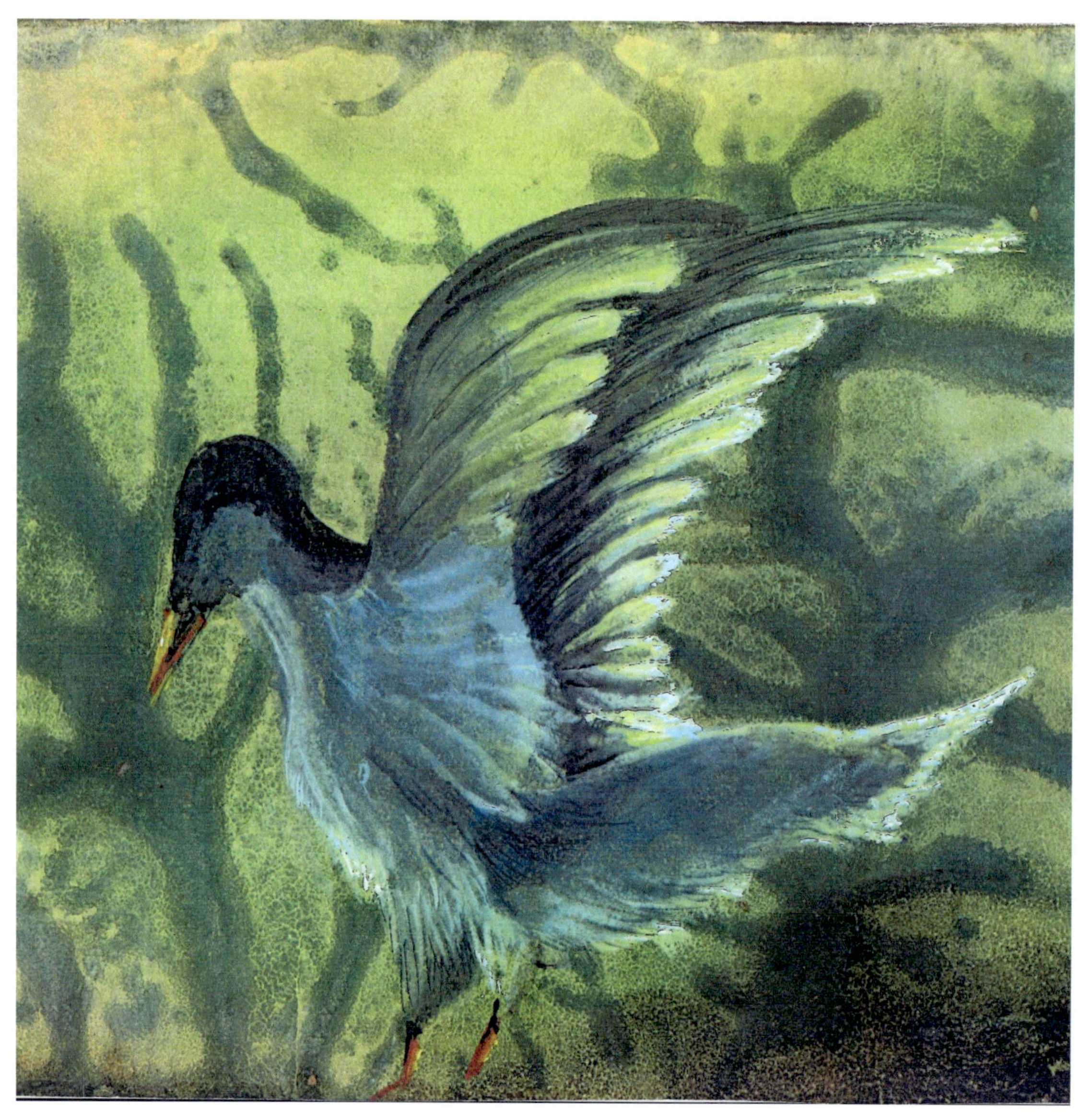

Acryl

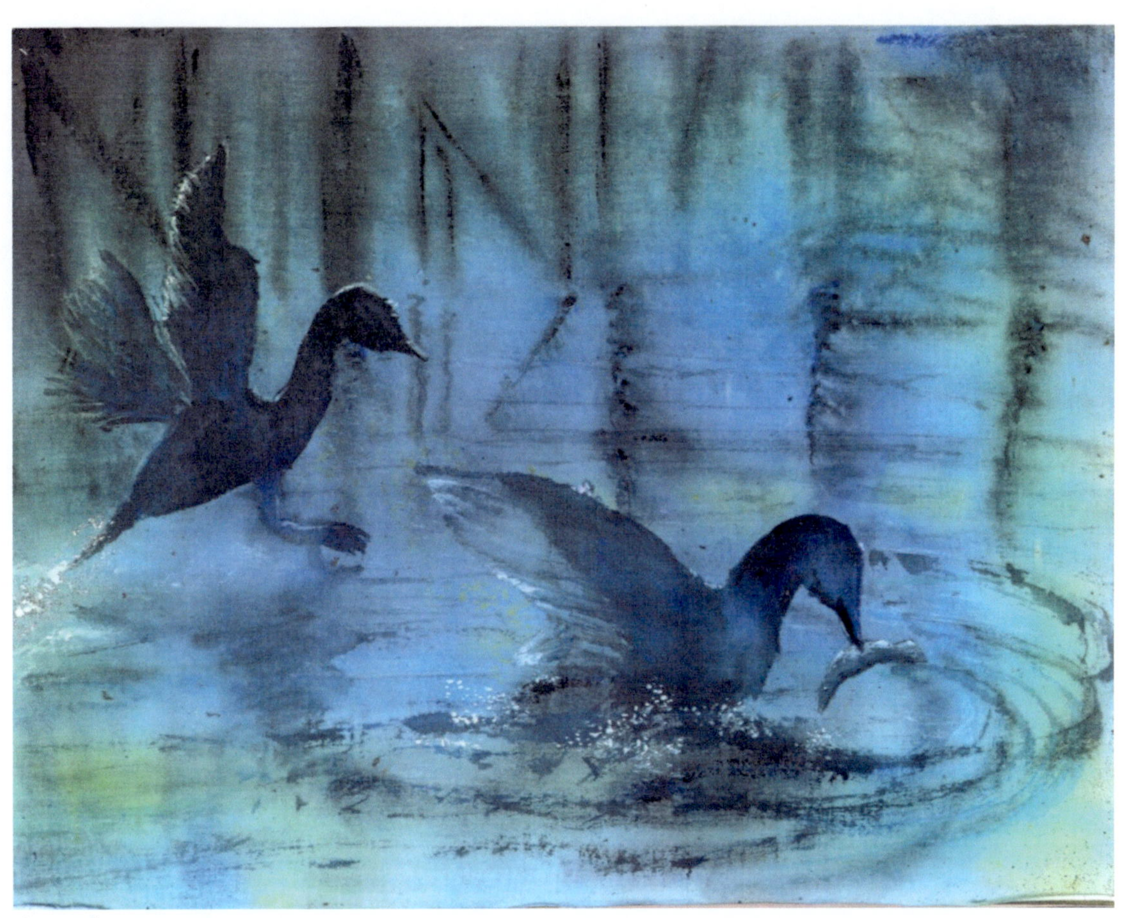

Acryl

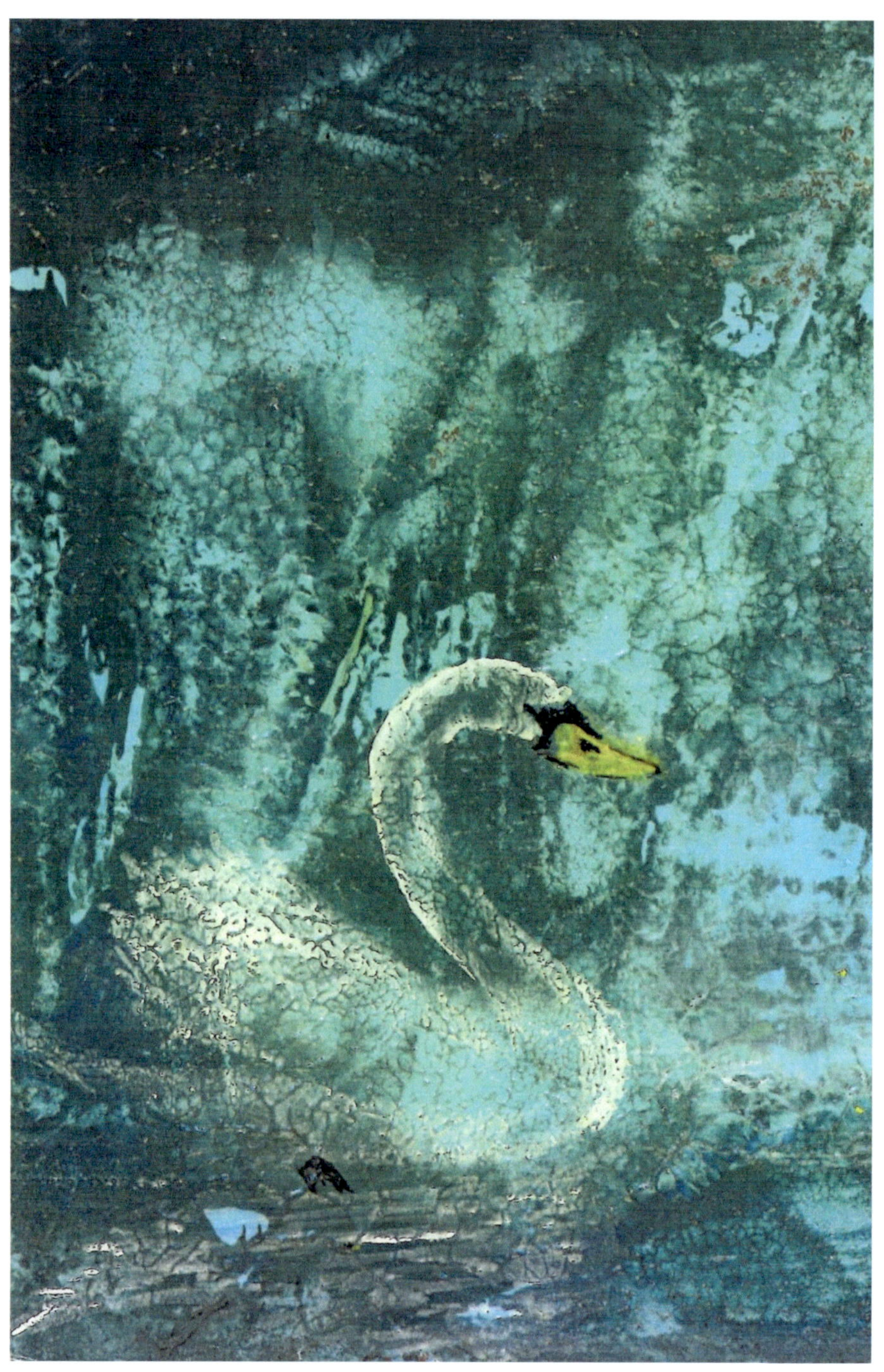

Acryl

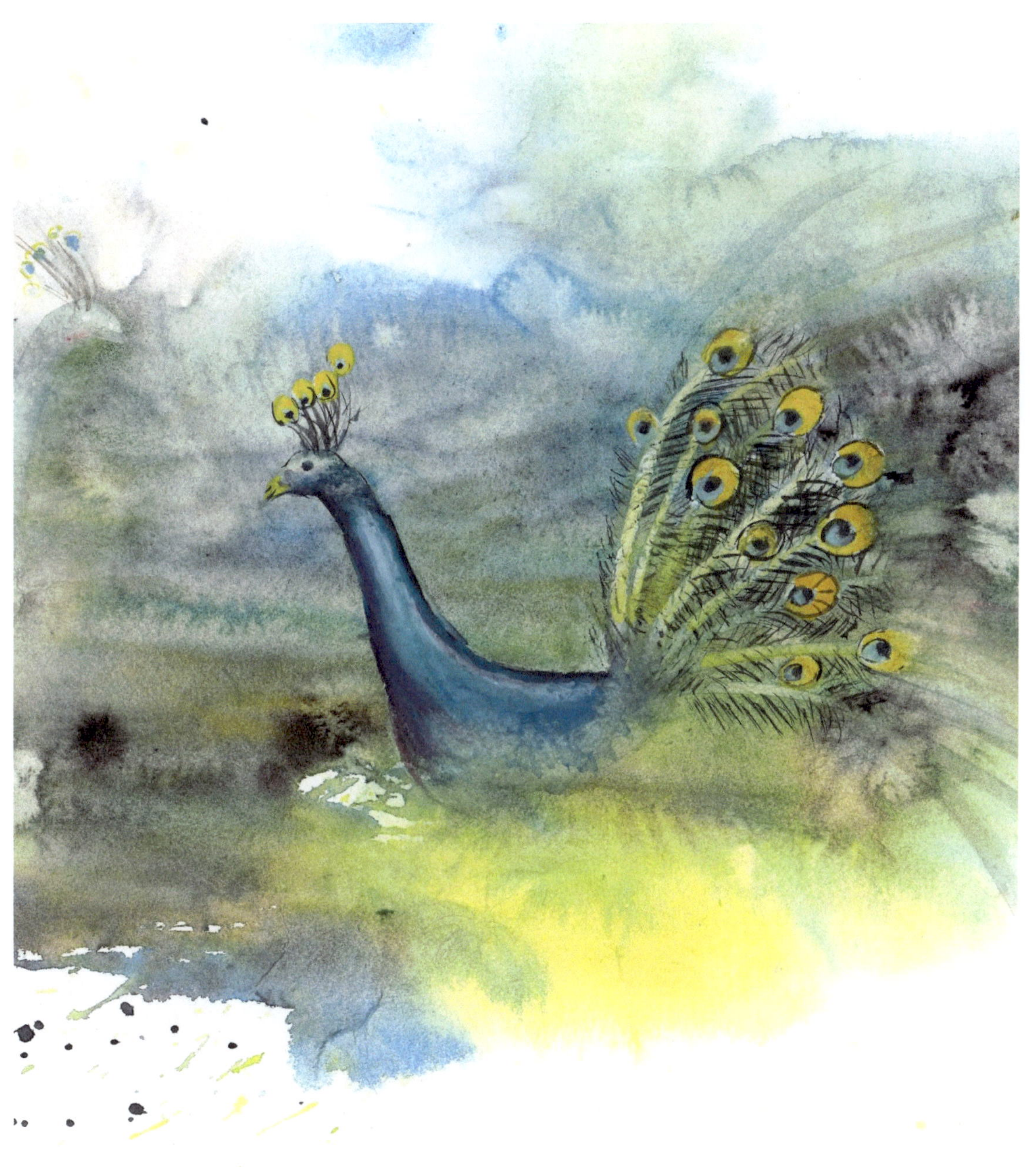

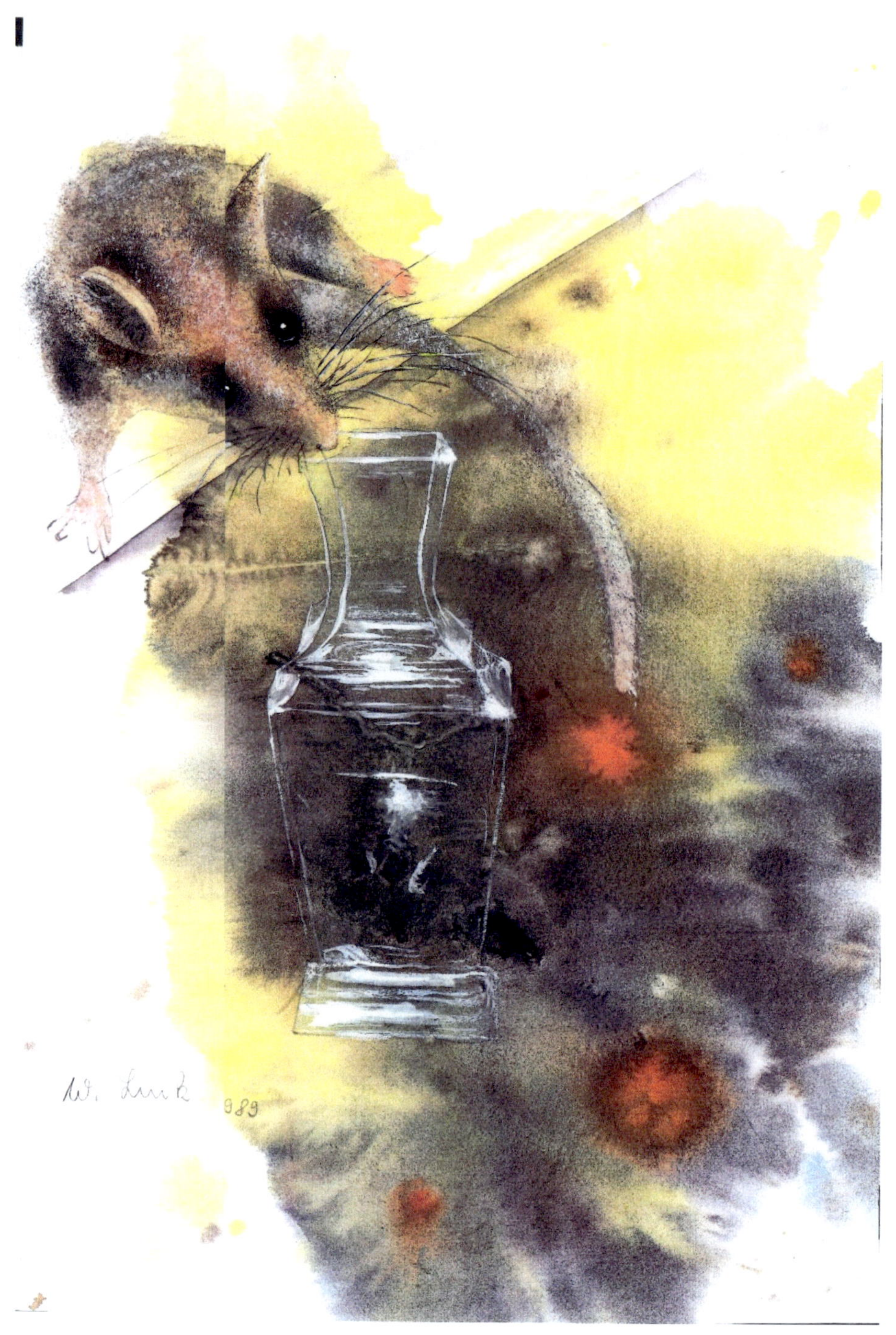

Und zu guter Letzt: Etwas Humorvolles aus der
romantischen Dichtung:

**Mausfallen-Sprüchlein**
Eduard Mörike

Kleine Gäste, kleines Haus.
Liebe Mäusin oder Maus,
Stell dich nur kecklich ein
Heut nacht bei Mondenschein!
Mach aber die Tür fein hinter dir zu
Hörst du?
Dabei hüte dein Schwänzchen!
Nach Tische singen wir
Und machen ein Tänzchen:
Witt witt!
Meine alte Katze tanzt wahrscheinlich mit.

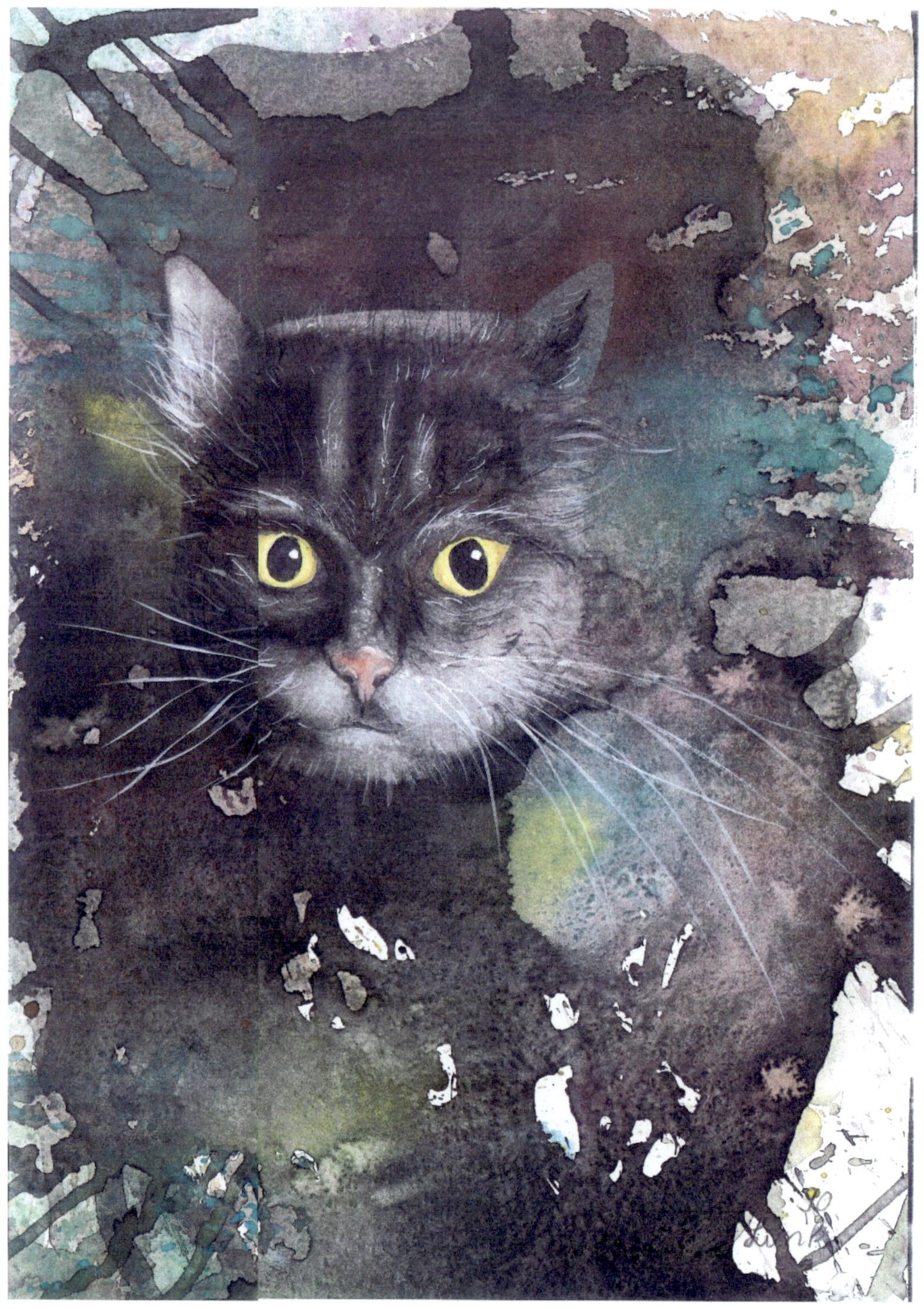

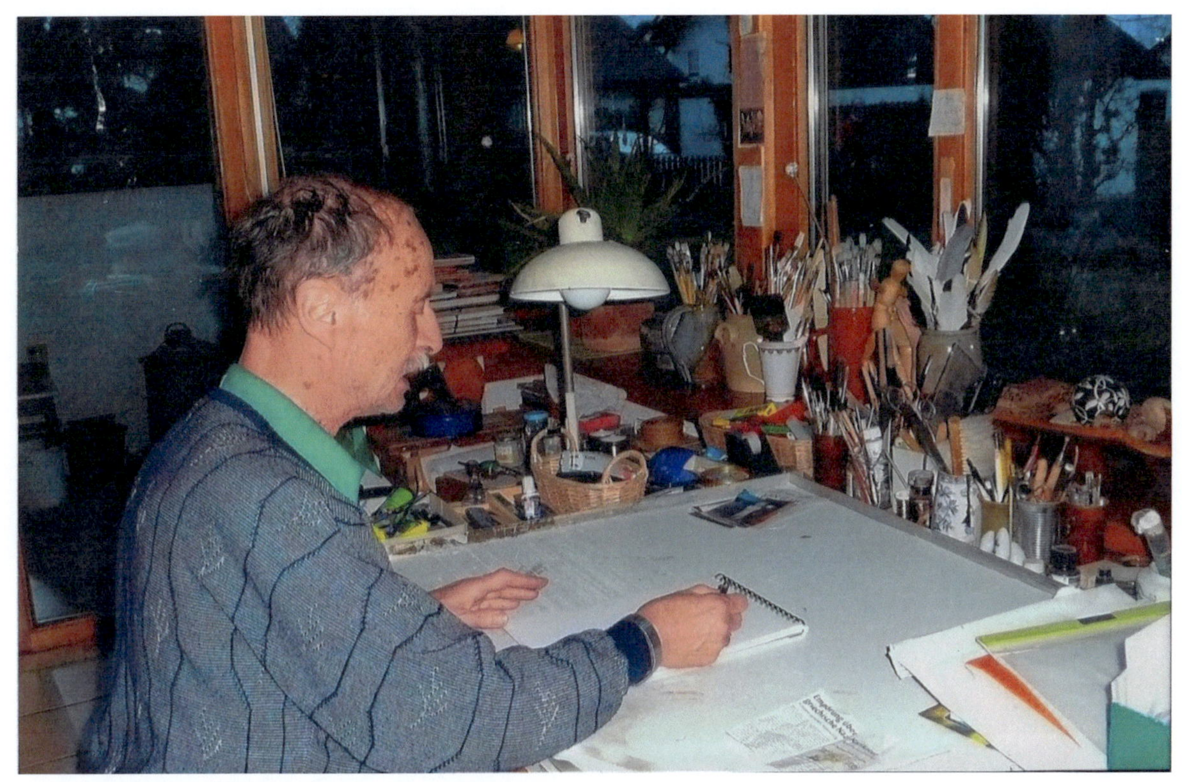

Wolfgang Link, Jahrgang 1942, Teilnahme an zahlreichen Malakademien, unter anderem bei Frau Khan-Leonhard und Professor Fritz Itzinger. Ausbildung zum Kunsterzieher bei den Professoren Bischof und Walter, Freiburg. Erteilung des Faches Bildende Kunst zwischen 1979 - 2005. Mehrere Ausstellungen, unter anderem in Gengenbach, Lahr, Offenburg.

Vom gleichen Autor erschienen bei Books on Demand:

Die goldene Rose (2001)    ISBN 3/8311/1977/5
Ein kreatives Projekt für junge Schauspieler und Nachwuchsfilmer

Nie wieder Krieg (2003)    ISBN 3-8334-0437-X
Not und Elend von Krieg und Nachkriegszeit aus der Sicht von Zivilpersonen

Stille Helden (2005)        ISBN 3-8334-2296-3

Schulanekdoten (2005)      ISBN 3-8334-2835-X
Heiteres und Nachdenkliches

Täglich ereignet sich Weihnachten (2014)
Ein Lesebuch fürs ganze Jahr  ISBN 978-3-7357-9917-3

Lebensretter (2015)     ISBN 978-3-7386-6450-8
Geschichten, die zu Herzen gehen